DOUTES

SUR

LES RELIGIONS RÉVÉLÉES,

ADRESSÉES A VOLTAIRE,

Par ÉMILIE DU CHATELET,

OUVRAGE POSTHUME.

Quodcunque ostendis mihi sic, incredulus odi.
Hor. Ars Poet. v. 188.

A PARIS.

1792.

AVANT-PROPOS.

Mon ami, j'aime et je cherche la vérité de tout mon cœur : je me sens fait pour elle, elle m'attire irrésistiblement ; mais elle me fuit. Que dois-je faire ? Je me suis jettée entre les bras de l'Être tout-puissant, qui en est l'auteur, le père et la source. Il me donne la raison comme un guide sûr pour la découvrir. L'examen et la méditation sont une prière naturelle par laquelle je l'invoque en la recherchant. Je médite donc, et j'examine depuis que je suis de retour en Angleterre ; mais malheureusement mes examens, mes méditations et mes recherches ne me conduisent qu'à des incertitudes, des irrésolutions qui me déchirent, et qui toucheroient un Être infiniment bon, s'il en existoit un, ou si celui qui existe s'intéressoit au sort des hommes. Mon Dieu ! que vous ai-je fait pour m'abandonner, et que faut-il donc faire pour vous découvrir ? Vous exigez, dit-on, un tel culte plutôt qu'un autre :

ce culte me prescrit une telle conduite ; si je ne me conforme pas à l'un et à l'autre, je serai éternellement malheureux. Que cet objet devient intéressant pour moi ! Mais qui en croirai-je, de Moyse, de Jésus-Christ, de Mahomet, ou de Spinosa ? Le premier se dit ton ami ; le second se vante d'être ton fils ; le troisième prend le titre de ton ange ; le quatrième prétend venger la raison, ce don précieux que tu as fait aux hommes, du joug auquel les trois premiers vouloient l'asservir : ils se détruisent réciproquement tous les quatre. Qui me guidera dans mon choix ? Ce ne peut être que la certitude ou le préjugé : le préjugé est un moyen faillible : je ne puis acquérir de certitude que par le raisonnement. Il faut donc en matière de religion, comme en toute autre, raisonner. Et pourquoi la raison ne seroitelle point admise ? Si telle religion est vraie, la raison ne fera que me confirmer dans sa croyance ; si elle est fausse, quel bonheur d'en sortir et de ne pas admettre l'erreur !

Sur ce principe, qui me paroît incontestable, je médite les principaux fondemens du christianisme ; je t'envoie le résultat de mes méditations : ce ne sont point des vérités que je te propose , pour te convaincre de la fausseté d'une opinion à laquelle tu m'as toujours paru attaché par raison ; différent en cela de presque tous les autres chrétiens que j'ai connus, et dans lesquels je n'ai remarqué que préjugés de naissance, d'éducation ; de goût, d'intérêt et d'enthousiasme : ce sont des doutes que je t'expose ; je t'en demande l'éclaircissement ; je m'adresse à toi plutôt qu'à tout autre , parce que tu m'aimes , et que tu me répondras en ami sincère et de bon sens. A toutes tes réponses, fais sur-tout présider ce grand principe, qui nous fut autrefois d'un si grand secours dans les jardins de Whitehall, lorsque tu m'établissois si solidement la distinction du bien et du mal ; quoique tu ne l'ayes pas oublié sans doute, je te le rappelle ; le voici.

« Les paroles ne sont qu'un air battu, lorsqu'elles ne signifient rien : tout ce qui n'est appuyé que sur des paroles , et non sur de véritables idées, n'est d'aucune considération auprès des gens raisonnables. Quatre paroles d'un homme

A 3

de bon sens valent mieux que tout ce que les scholastiques ont écrit. » Je commence par la révélation en général.

A Londres, le 14 Mai 1739.

—————

DOUTES

Sur la Religion révélée en général.

1. S'IL y avoit une révélation, cette révélation seroit nécessaire au bonheur des hommes : or, aucune révélation n'est nécessaire au bonheur des hommes. Dieu l'auroit donnée à tous les hommes. Dieu ne peut exiger de nous plus que nous ne sommes capables de faire ; cela seroit manifestement injuste : or, il y a, et il y a eu des hommes dans l'impuissance réelle et effective de connoître la révélation : donc il n'y a point de révélation. Au contraire, tous les hommes ont de la raison plus ou moins : c'est que l'une est nécessaire et que l'autre ne l'est point.

2. Il y a un Dieu, dit-on, donc il faut un culte ; fausse conséquence. Le monde n'est pas éternel : donc il y a un Dieu et point de culte. Les bêtes ne rendent aucun culte à Dieu : donc si l'homme n'y étoit pas, il y auroit un Dieu, des créatures, et point de culte.

3. Mais, insiste-t-on, la créature raisonnable ne sçauroit se passer de rendre un culte à Dieu. Cela est faux ; car ce culte-là seroit, ou pour l'utilité ou pour

la gloire de Dieu, ou pour l'utilité ou pour la gloire des hommes. Le premier est absurde; Dieu n'en a pas besoin : il se suffit à lui-même en tout, par-tout et en tout tems. Si ce culte n'est que pour la créature, la religion ne sera plus qu'une même chose avec la société; il n'y aura plus de péché contre Dieu; il n'y en aura que contre les hommes : donc Dieu restera immuable dans son repos, sans punir ni récompenser; droit qui dénote de la foiblesse dans celui qui l'a. Une vipère mord un homme; elle ne fait ni bien ni mal par rapport à Dieu : aussi Dieu ne la punit ni ne la récompense : elle fait du mal à l'homme; il l'écrase; cela est dans l'ordre. Un voleur vole son voisin; il ne fait ni bien ni mal par rapport à Dieu: il fait du mal à la société; la société le retranche; il n'y a rien à dire.

4. S'il y avoit un culte révélé, l'homme seroit fait pour Dieu ou Dieu pour l'homme : or, l'un et l'autre répugnent. Dieu n'est pas fait pour l'homme; car pour lors l'homme seroit plus noble que lui. L'homme n'est pas fait non plus pour Dieu; car Dieu n'en a pas besoin : l'homme a été fait, parce que Dieu a voulu le faire.

5. S'il y avoit une révélation, elle seroit inutile; car elle ne pourroit se perpétuer que par l'écriture ou la tradition : si les hommes n'avoient point in-

venté l'art d'écrire, qu'ils ne tiennent point de Dieu, la révélation seroit tombée au même instant qu'elle auroit paru. D'ailleurs les aveugles-nés n'en auroient point été susceptibles. Reste la tradition, dira-t-on : fort bien ; mais elle se corrompt : d'ailleurs, que seroient devenus les sourds de naissance ?

6. Beaucoup de gens ignorent qu'il y ait jamais eu une révélation : parmi ceux qui ne l'ignorent pas, très-peu en ont été témoins ; ceux qui disent en avoir été témoins, disent des choses opposées entr'eux. Jésus-Christ détruit Moyse, Mahomet détruit Jésus-Christ. D'où viennent ces contradictions ? C'est qu'il n'y a jamais eu de révélation. Ce n'est pas Dieu, mais les hommes qui mentent, et qui se contredisent.

7. C'est un principe de droit naturel , qu'on ne doit pas agir dans le doute. Ainsi, quand je ne suis pas assuré que la religion de mes pères est vraie, je ne dois pas m'exposer à rendre à Dieu un culte que peut-être il abhorre.

8. Mais, dit-on, Dieu a tout fait pour sa gloire. Cela ne veut rien dire : la gloire est relative , et n'existe que dans l'imagination des autres : ainsi la gloire ne peut convenir à Dieu. Il est donc absurde de dire que Dieu récompense dans le ciel pour faire éclater sa bonté, et qu'il punit en enfer pour manifester sa justice. Quels sont donc les spectateurs dont

Dieu cherche à s'attirer l'estime par ces deux actes ?
Il s'estime, il s'admire, il s'aime lui-même ; cela
lui suffit. Que lui font le respect et les louanges des
hommes, leurs bonnes ou mauvaises actions ? Tout
est bon par rapport à lui, parce que tout ce qui l'intéresse est en lui-même.

DOUTES

Sur la Religion chrétienne en particulier.

1. Si la religion chrétienne étoit nécessaire au bien
général de la société, ou à la probité privée de
chaque particulier, je l'admettrois sur le champ sans
autre examen. Mais, 1o. loin qu'elle soit nécessaire
à la société, elle y nuit : en défendant les richesses,
elle abolit le commerce, ce lien des nations, et ce
véhicule du bonheur général; en ordonnant de renoncer aux plaisirs, aux honneurs, à la curiosité,
elle extermine les sciences, les arts, l'émulation et
les découvertes; en prescrivant la virginité comme
un état plus parfait que le mariage, elle détruit l'es-
pèce ; en abolissant le divorce entre les gens mariés,
elle fait naître les haines, les querelles, les procès et
les adultères ; en ordonnant de renoncer à ses parens

et à ses amis, elle fait du monde entier un désert peuplé. Après avoir lu tout ce qu'on réplique à ces inconvéniens, j'ai cru, ou qu'on donnoit atteinte aux préceptes et aux conseils évangéliques, ou que l'objection restoit entière. En deux mots, la société est fondée sur notre nature telle qu'elle est. Or, la religion chrétienne détruit notre nature telle qu'elle est, sans y en substituer une meilleure pour le bien général : donc elle détruit la société. Si tous les hommes étoient de parfaits chrétiens, ils seroient tous malheureux en cette vie, pour vouloir être heureux dans l'autre ; et si tous les hommes en particulier étoient malheureux, toute la société seroit malheureuse. Donc, si le christianisme étoit observé en tous ses points, et par tous ses sectateurs, la société des chrétiens seroit toute malheureuse : aussi s'en apperçoit-on parmi les chrétiens, et la plupart ne sont pas si fous que d'observer leur religion. Jésus-Christ l'a bien prévu aussi de son côté : de-là la prédiction sur le petit nombre de ceux qui le suivroient, et que son père avoit élus.

2. Non-seulement chaque particulier peut être un fort honnête homme sans la religion chrétienne, comme il est aisé de le démontrer par l'expérience des anciens payens, qui ont connu et pratiqué une morale aussi parfaite que celle de Jésus-Christ, tels

que Socrate, Platon, Cicéron, Atticus, Marc-Aurelle, Antonin, etc.; mais j'ajoute que la confession auriculaire favorise et entretient la méchanceté. Un honnête homme sans religion, n'osera commettre un crime, qui ne coûtera rien à un chrétien, à cause de la facilité qu'il a d'en être absous. Le chrétien a des ressources pour redevenir innocent; l'autre n'en a point. Les anciens chrétiens ne se faisoient baptiser que le plus tard qu'ils pouvoient, et souvent même à l'article de la mort.

3. La religion chrétienne nous donne une fausse idée de Dieu : car la justice humaine est une émanation de la justice divine, et doit être en soi de même nature. Or, suivant la justice humaine, nous devons absolument blâmer Dieu de la conduite qu'il a tenue envers son fils, envers Adam, envers les enfans qui meurent sans baptême. Aussi, anciennement, comme nous l'avons dit ci-dessus, les chrétiens sçavoient bien attraper Dieu, en se faisant baptiser le plus tard qu'ils pouvoient; le baptême effaçant tous les péchés, ils alloient droit au ciel. Ce fait sert aussi à prouver ce qu'on a avancé dans l'article ci-dessus, que la facilité de trouver la rémission de ses fautes dans la religion chrétienne, entretenoit et favorisoit les crimes.

4. Les remords des mourans ne prouvent ni pour ni contre la religion; ils sont l'effet de la foiblesse

des organes ou des préjugés. Un turc ne sentira aucun remords d'avoir foulé aux pieds un crucifix, ni un chrétien pour avoir profané l'alcoran. Mettez ces deux objets en raison inverse des personnes, vous verrez des hommes au désespoir.

DOUTES

Sur les preuves que doit avoir la véritable Religion, et sur la condition de ces preuves.

---

1. LA foi suppose l'autorité divine : donc il ne faut pas croire sans raisonner ; car avant de croire, il faut examiner si Dieu a réellement révélé le culte qu'on nous propose. Il est aussi funeste en matière de religion, de croire légèrement, que de ne pas croire quand on a des preuves claires de la révélation. Ces deux excès mènent à différentes erreurs, que Dieu déteste et qu'il doit punir également : or, je ne puis faire cet examen qu'avec ma raison propre et personnelle ; l'opinion des autres ne peut justifier la nôtre : donc la raison doit précéder la foi, et ensuite se taire quand la révélation parle. Il faut donc rejetter toute preuve équivoque, générale, incertaine, et d'une discussion difficile.

2. Les vérités de la religion ne sont pas des vérités

innées, métaphysiques, éternelles, qu'on voit et qu'on connoît par-tout ; ce sont, au contraire, des vérités qui dépendent des faits. D'ailleurs, comme ces vérités sont nécessaires à tous les hommes, leurs preuves doivent être claires, convaincantes et faciles ; autrement Dieu ne seroit ni bon, ni sage, ni juste.

3. Tout ce qui vient de la part des hommes est sujet à l'erreur ; donc Dieu n'a pu faire dépendre la vérité de la tradition des hommes, qui sont essentiellement faillibles. Le témoignage de ma raison l'emporte sur celui de tous les hommes ensemble. D'où vient ? parce que ce témoignage vient de Dieu, qui ne veut ni ne peut me tromper ; au lieu que celui des hommes vient des hommes, qui peuvent toujours, et qui veulent souvent tromper les autres.

4. Dieu est immuable ; cependant Moyse a changé le culte d'Adam ; Salomon a augmenté celui de Moyse ; Jésus-Christ a détruit l'un et l'autre ; les Apôtres renouvellèrent les cérémonies anéanties par leur maître ; au concile de Jérusalem l'église les a détruites une seconde fois, et chaque concile a, dans la suite, ajouté quelque chose au dogme et au culte. Autrefois les chrétiens n'alloient point à la messe ; aujourd'hui ils sont damnés s'ils n'y vont pas. Autrefois il falloit des années entières d'une pénitence publique, lente et ignominieuse, pour expier cer-

tains crimes ; aujourd'hui il suffit de s'en accuser tout bas à l'oreille d'un prêtre. Autrefois les chrétiens ne communioient point à lé'glise ; ils se communioient eux-mêmes, en emportant l'hostie chez eux ; aujourd'hui ce seroit un sacrilège, qu'on n'expieroit que par le feu. Du tems de Saint Cyprien un grand nombre d'églises, et des plus fameuses, rejettoient le baptême des hérétiques, tandis que d'autres l'admettoient ; ainsi le même homme étoit damné chez les uns, et sauvé chez les autres. Dans toutes ces variétés, il s'agit du salut et de la damnation ; ainsi, qu'on ne réponde pas que ce sont des vétilles.

5. Je demande à un chrétien de bonne foi, si la morale d'aujourd'hui est la même que l'ancienne ? Saint Paul, qui se vante d'avoir été ravi au troisième ciel, qui dans ses quatorze épîtres n'a d'autre but que de donner des règles de mœurs, parle-t-il de la fréquentation des sacremens, nous apprend-il les conditions d'une bonne confession, y voit-on un mot de la préparation à la communion ? Pas un seul. Sont-ce encore là des bagatelles ?

6. Dans le mystère je distingue deux choses : la substance, ou le *quomodò sit*, et le fait, ou *an sit*. La substance du mystère doit être inconcevable, je l'avoue ; mais le fait doit être évident, et il doit être du ressort de la raison, précisément parce que la substance n'en est point,

7. Distinguons aussi deux sortes de vérités dans la révélation : les unes de pure spéculation, et qui ne sont pas nécessaires absolument au salut ; les autres de pratique essentielle, ou qui sont absolument nécessaires au salut. Que la connoissance des premières soit difficile, peu m'importe : mais pour les autres, leur certitude doit être claire, facile et convaincante ; autrement il n'y auroit que les sçavans et les gens d'esprit qui pourroient être sauvés. Mais, dira-t-on, les simples et les ignorans doivent se laisser conduire par les sçavans : donc un payen doit se laisser conduire par le prêtre de ses faux dieux, un juif par son rabin, un turc par son muphti, un luthérien danois par son ministre, comme un pauvre catholique par son curé.

8. Descartes ne veut croire que ce qu'il voit clairement ; excepté cependant, dit-il, en matière de religion, où il faut se boucher les yeux. Plaisante expression ! S'il faut se boucher les yeux en matière de religion, laquelle embrasserai-je ? Toutes se vantent d'être la véritable. Pour choisir, il faut des preuves : si je me bouche les yeux, comment aurai-je ces preuves ? Ce raisonnement conduit à l'indifférence : aussi Descartes dit-il qu'un honnête homme doit retenir la religion dans laquelle il est né, bonne ou mauvaise.

DOUTES

DOUTES

Sur l'Ecriture sainte.

1. A QUOI veut-on que serve ce livre si respectable parmi les chrétiens? Dans tout le parti qui est aujourd'hui opposé au jansénisme; parti qui, dans les principes du christianisme même, paroît être la véritable église; dans tout ce parti, dis-je, il est indécis si les fidèles ont droit de le lire : cette indécision est comique; car, ou le livre est pernicieux, ou il est utile : qu'on le défende donc tout à fait, ou qu'on le permette. Mais, me dira-t-on, les ignorans peuvent en abuser : donc c'est un mauvais titre pour la religion. Deux hommes plaident pour le même champ; l'un ne veut pas communiquer son titre à l'autre, parce que, dit-il, ma partie adverse pourroit en abuser contre moi : donc, concluera un juge équitable, votre titre ne vaut rien, puisqu'il peut prouver le pour et le contre. Mais venons au fond de ce livre.

2. L'écriture est le langage de Dieu; donc l'écriture doit être digne de Dieu; or, elle ne l'est pas; donc elle n'est pas le langage de Dieu. Mais, dira-t-on, c'est que Dieu s'accommode à notre foiblesse; ce

Faux-fuyant est misérable. Qu'est-ce qui ignore que Dieu doive s'énoncer autrement que les hommes?

3. L'écriture est la règle de la foi; donc elle doit être incorruptible : or, elle ne l'est pas; donc elle n'est pas règle de foi. Esdras a réformé l'ancien testament, et saint Jérôme le nouveau et l'ancien. L'écriture est sujette aux fautes des copistes; il y a plusieurs passages corrompus, d'autres ajoutés, de l'aveu même des catholiques. Qui m'assurera que tel passage ne l'est point, puisque tel autre l'est? elle est équivoque de sa propre nature, c'est-à-dire, de la nature de l'hébreu, langue extrêmement stérile. Les septantes ne traduisent point comme la vulgate : des sept versions principales, aucune n'est semblable à l'autre. L'écriture oblige tous les hommes; elle devroit donc être écrite dans un langage connu de tous les hommes; sans quoi la science d'une telle langue deviendroit une nécessité de moyens. Or, quelle absurdité!

4. Voici un fait singulier : Moyse et Mahomet ont écrit, cela est bien : mais Jésus-Christ n'a rien laissé. Un seul des livres de sa religion n'a pas été même commencé de son vivant; il n'y a que le désespoir qui puisse faire tirer à un chrétien parti de ce silence.

5. Non-seulement Jésus-Christ devoit nous donner

lui-même les livres de l'écriture sainte, et les détermi-
ner pendant sa vie; mais encore il falloit, pour
qu'ils ne fussent pas sujets aux fautes des copistes,
qu'il leur donnât un caractère qui les distinguât;
autrement un indien de bon sens ne peut les regarder
que comme des livres ordinaires : un tel miracle étoit
plus nécessaire et plus raisonnable que de ressusciter
des morts. Ces divers prodiges, s'ils sont vrais, n'ont
pu être utiles qu'à ceux qui les ont vus : celui-ci opé-
reroit dans tous les temps, et conserveroit aux autres
miracles une vérité historique dont ils ont besoin pour
faire foi; vérité qui est d'ailleurs incompatible avec la
corruptibilité des livres qui les annoncent.

6. La division des livres de l'écriture en *proto-
canoniques* et *deutéro-canoniques*, ne fait-elle pas
voir que c'est le caprice des hommes uniquement
qui les a consacrés à son gré. Quoi donc ! c'est aux
hommes à déclarer si un tel livre vient du ciel? Dans
l'espace de plusieurs siècles on n'aura regardé ce livre
que comme un livre ordinaire, et tout-à-coup on le
canonisera, parce qu'il contiendra un passage propre
pour établir et fortifier quelque dogme; ce qui est
arrivé entre autres aux livres des Machabées, parce
qu'ils contiennent un ou deux passages pour le pur-
gatoire? C'est un moyen de se rendre maître de tout
l'univers, que d'avoir droit de se faire des titres au

besoin. C'est le besoin de l'autorité qui a divinisé tant de livres dans toutes les religions. Il n'y a ici bas d'autorité incontestablement divine qu'un bon raisonnemnten forme.

7. Autre singularité : les auteurs de ces livres., à l'exception de quelques prophêtes , ne se sont jamais vantés d'être inspirés. Saint Luc dit tout bonnement en commençant son évangile : d'autres ont fait des livres ; j'en veux faire un à mon tour ; et pour prévenir ses lecteurs, il ajoute qu'il écrit sur de bons mémoires. Il est bien digne de Dieu de voir parler le Saint-Esprit ainsi aux hommes pour s'attirer leur croyance.

8. Pourquoi dans l'écriture sainte toujours des allégories , toujours des mystères , toujours des paraboles ? Ah! dit-on, c'est le style des orientaux. L'écriture n'est donc que pour les orientaux : or, le Saint-Esprit n'est-il que de l'Orient?

9. L'écriture est pleine de contradictions : Dieu se donne la comédie dans le paradis terrestre en cherchant Adam ; il choisit et rejette Saul. Le miel de Jonathas n'est-il pas ridicule? c'est le style des orientaux. Un évangeliste dit que Jésus-Christ est mort à trois heures ; l'autre dit que c'est à six. Faute de copiste, répliquera-t-on ; fort bien. Saint Mathieu fait sa généalogie d'une façon, et Saint Luc la fait d'une

autre. Est-ce encore une faute de copiste ? mais si
le copiste a erré sur les faits, qui l'a empêché d'errer
sur les dogmes. Voilà donc ma foi à la merci d'un
bénédictin du onzième siècle. Moyse dit qu'il parloit à Dieu comme à un bon ami, face à face, et
non pas en énigme. Abraham, à l'age de 99 ans,
crut que Dieu lui apparoissoit pour la sixième fois:
or, ils se trompoient les bonnes gens; ces entretiens ne se faisoient que par le ministère des anges.

10. Le Saint-Esprit n'a donc pas dit vrai dans l'ancien testament, ou il ment dans le nouveau. Cependant les anges qui apparoissoient à ces anciens
recevoient leurs adorations comme Dieu même : cela
les flattoit apparemment. Ces apparitions ne seroient-
elles point du style des orientaux ? ils aiment l'allégorie.

11. N'est-il pas absurde que le moindre bachelier
parle plus exactement sur la divinité de Jésus-Christ
que l'écriture même? c'est une hérésie que de dire
simplement et sans distinction que Jésus-Christ est
moins grand que son père : cependant Jésus-Christ
dans l'écriture le dit : *Pater major me est.* Mais,
dit-on, il dit aussi : *Ego et pater unum sumus.*
Vous distinguez *major*, et moi je distingue *unum.*
N'avons-nous pas le même droit? voilà en effet un
unum qui est bien clair; il peut signifier unité de

nature , unité de personnes , unité de tout , unité morale. Mais, d'un autre côté, prenant *unum* dans notre sens, qui sauvera l'antilogie !

12. Il y a une chose étonnante, c'est que les chrétiens ne relèvent point l'écriture par ce qu'elle renferme de bon, si ce bon est ordinaire; au contraire, ils n'estiment le langage de Dieu que par les paroles qui sont extraordinaires , et si extraordinaires , qu'elles paroissent ridicules à tous les autres hommes; c'est la preuve la plus convaincante que cette estime est un préjugé. Je voudrois qu'on assemblât dans un même lieu deux hommes sensés , raisonnables et savans de chaque nation qui n'est point chrétienne , et qui n'a jamais entendu parler du christianisme, qu'on traduise l'écriture sainte dans chacune des langues de ces sçavans, pour qu'ils l'examinassent sans prévention : je mets en fait que cet examen condamneroit l'écriture sainte à la condition et à l'ignominieux état de livre humain.

13. Mais, repliquera-t-on peut-être, vingt conciles ou environ ont décidé le contraire : or, ces assemblées là valoient bien celle de vos différens sçavans: point du tout : ces vingt conciles étoient intéressés à diviniser l'écriture sainte; il n'est point de l'intérêt des pasteurs que l'écriture sainte soit un livre humain : or, dans les causes communes, tout juge

intéressé est récusable. N'y aura-t-il donc que dans la cause où il s'agit du bonheur ou du malheur éternel, qu'on n'aura aucun égard aux premières règles du droit et du bon sens!

14. Je serai damné si je n'observe pas les commandemens de Dieu; mais puis-je les observer? oui, avec la grace.... Mais l'aurai-je quand je voudrai? cette grace? non; il faut la demander..,. Mais puis-je la demander quand j'en aurai besoin? non; il faut que Dieu vous donne cette grace pour lui demander ce dont vous aurez besoin. Le don de la prière est une grace. Chrétien qui me réponds ainsi, as-tu puisé tes réponses dans l'écriture sainte? oui. Eh bien! ce livre là se moque de toi et de tous les hommes. Comment accorder ces deux textes; *Sine me nihil facere potestis*; *et perditio tua ex te Israel?* car pour peu qu'Israël ait d'esprit, et sçache se défendre, il peut repliquer, ma damnation n'est pas *ex me* : car, pourquoi suis-je damné, mon Dieu? parce que je ne vous ai pas demandé des graces? or, pouvois-je vous demander des graces? ne m'avez vous pas dit que *sine te*, je ne pouvois rien faire? si j'avois osé vous en demander j'aurois été pélagien, et vous m'auriez également damné. Après cela, vous avez bonne grace de me venir faire ces tendres reproches : *Quid potui facere vinia mea,*

et non feci. Ce que vous avez pu faire et n'avez pas fait, le voici : me donner le don de la prière.

15. Les théologiens répondront peut-être pour Dieu ; j'ai fait tout ce que j'ai pu pour toi, Israël, puisque je t'ai donné des secours suffisans, et que je n'étois obligé qu'à cela. Israël répondra : sans examiner ce que vous étiez obligé de faire pour moi, et si m'ayant créé pour votre gloire, pour vous aimer, pour vous servir et vous adorer, vous n'étiez point en conséquence obligé de me donner des secours efficaces ; puisque dépourvu de ces secours efficaces, je ne vous ai ni aimé, ni glorifié, ni servi, but que vous aviez en vue : cependant je vous le répète, sans examiner cela, parce que j'y reviendrai après ; qu'appellez-vous des secours suffisans, des secours qui n'ont pas suffi ? Mais, mon Dieu, vous me bernez ; une livre de pain m'est nécessaire tous les jours pour vivre : vous ne m'en donnez qu'une demie ; je meurs de faim, je m'en plains, et vous vous justifiez en disant que c'est moi qui me suis tué moi-même, parce que vous, de votre côté, vous m'avez donné des secours suffisans. Allons, mon Dieu, un peu plu de bonne foi que les livres et les docteurs qui se vantent d'être inspirés de vous ; car vous voyez bien que vous avez tort : en conscience vous me deviez

une livre de pain, vous ne me l'avez pas donnée, vous m'avez tué.

16. Ces secours suffisans, poursuivent les théologiens, n'ont été insuffisans que parce que je les ai négligés, mais le cercle revient toujours ; je ne les ai négligés que parce que je ne les ai pas employés ; je ne les ai pas employés parce que je n'ai pas eu la grace de leur emploi, grace qui ne dépendoit pas de moi.

17. Quand Dieu s'est proposé un but, il doit faire tout ce qui est nécessaire pour l'exécution de son dessin : or, Dieu en me créant a eu mon salut en vue et pour but : je ne sçaurois être sauvé sans la grace efficace : Dieu est donc obligé de me donner la grace efficace.

18. Si Dieu a parlé aux hommes , ç'a été uniquement pour leur apprendre ce qu'ils ne pouvoient pas sçavoir par eux-mêmes , et ce qui est nécessaire au salut : donc tous les livres ne sont point révélés ; ce qu'ils contiennent ayant pu nous être transmis par le canal de l'histoire, et étant inutile au salut.

19. Si Dieu a parlé, il a bien parlé, et mieux que les hommes ne feroient : or, l'écriture est obscure et a besoin de commentaire ; donc elle n'est point la parole de Dieu.

20. Ce n'est point à l'écriture que les chrétiens

croyent; qu'on y fasse attention; c'est à l'explication que les hommes en donnent. Donc ce n'est pas à Dieu qu'ils croyent, mais aux hommes; ce sont les hommes, et non Dieu, qui les instruisent.

Expliquer l'écriture, la commenter, c'est faire à Dieu l'injure la plus atroce.

21. Dieu se détruit lui-même dans l'écriture : il est aveugle lorsqu'il demande à Adam où il est; il est rididicule, lorsqu'il s'entretient avec le diable sur le chapitre de Job; il est corporel lorsqu'il a des bras, en quoi il a trompé Tertullien, qui, sur sa parole, le croit réellement; il est gausseur lorsqu'il gronde Adam; il est toujours en querelle avec le diable, qu'il ne sauroit dompter: Lucifer commence d'abord par lui débaucher une partie de sa cour; il escamote ensuite l'homme à mesure qu'il peuploit la terre : il fut question entre eux deux à qui auroit le plus d'autels; le diable en eut incomparablement plus que Dieu; jusques-là que de rage il noya tous les hommes pour les punir de la supériorité que son antagoniste avoit sur lui : il réserve une famille, comptant qu'elle le dédommageroit; point du tout; le diable revient à la charge, et tous les hommes se rangent de son côté, jusqu'au peuple que Dieu avoit appellé, son peuple chéri, bien aimé, favori, enfin, son mignon. La tendresse n'y fit rien; tout se déclare contre lui :

Omnes usque ad unum, dit l'écriture, excepté cependant un corps de reserve de quatre mille hommes. Enfin, Dieu, piqué au vif : *Dolore cordis tactus intrinsecus ;* dit : parbleu ! j'aurai le dessus, car j'enverrai mon fils : ce fils vient, et alors Dieu dit : *Princeps mundi hujus ejicietur foras*, me voilà enfin maître du champ de bataille. Autre erreur ; car il est certain que la catholicité n'occupe pas la quatrième partie du monde : il est certain encore qu'il n'y a pas le quart des chrétiens de sauvés : il est certain aussi que ce petit nombre ne vient que de ce que le diable tente les autres. Dieu n'a donc pour lui que la seizième partie des hommes : le diable est resté maître d'une moitie entière et des trois quarts et demi de l'autre. Sur toutes ces batailles , je dis : ou cette manœuvre divertissoit Dieu, ou l'ennuyoit : si elle l'ennuyoit, comme il parut du tems du déluge, puisqu'il s'écria dans son dépit : je me repens d'avoir fait l'homme ; que n'anéantissoit-il le diable, ou que ne l'enchaînoit-il si bien qu'il ne pût remuer ; ces moyens étoient plus simples, au lieu de perdre son tems à envoyer de la pluie pendant quarante jours, et son fils pendant trente-trois ans pour ne rien faire qui vaille. Notez encore que Dieu prévoyoit bien que la façon dont il s'y prenoit ne réussiroit point. Si Dieu s'amusoit à voir toutes les escarmouches de Lucifer contre lui, comme il paroît qu'il fit dans le combat singulier de celui-ci avec Job, cet amusement étoit un peu cruel, puisque les hommes en sont la victime ; d'ailleurs, de quel front Dieu ose-t-il me punir d'avoir servi à ses plaisirs ? Les princes de la terre recompensent leurs bouffons ; les romains donnoient des pensions aux gladiateurs qui couroient le risque de la mort pour les amuser. Mais cessons une histoire extraite fidélement de l'écriture ; elle déshonore le souverain être, elle ne vient donc pas de lui.

DOUTES

Sur les Prophéties.

1. TOUTE prophétie, pour faire impression sur un esprit sain et exempt de préjugés, doit être claire et dégagée de toute équivoque : or, dans toutes les prophéties, je ne vois qu'obscurités, que confusion, qu'embarras, et sur-tout des allégories qui ne finissent point.

2. Les juifs ne conviennent point avec les chrétiens du sens des prophéties : cela n'est pas étonnant ; les chrétiens entr'eux n'en conviennent point. Il y a

trois façons sur les bancs de l'école d'expliquer les prophéties de Jacob et de Daniel. Vingt-deux mille personnes, tant gentils que chrétiens, ont travaillé à éclaircir les prophéties ; j'en ai compté tout autant dans la bibliothèque du Vatican, lorsque j'étois à Rome, sans ceux qui n'y sont pas, ou qui m'ont échappé dans cet horrible dénombrement. Chaque interprête a son sentiment sans doute : or, jugez de la clarté des prophéties.

3. A qui une prophétie doit-elle paroître claire, si d'ailleurs elle est équivoque? N'est-ce pas à ceux qui parlent et qui entendent la langue dans laquelle elle est écrite? Cependant les juifs nient que ces prophéties conviennent à J. C. Mais, dit-on, J. C. a dit qu'elles lui conviennent : il n'a pu être juge dans sa propre cause. Mais puisqu'il est Dieu, c'est un juge infaillible. Doucement . . . . . vous prouvez sa divinité par les prophéties, et vous prouvez que les prophéties lui conviennent parce qu'il est Dieu. Qu'appelle-t-on un cercle vicieux, si ce n'en est là un?

4. Que l'église, par des interprétations allégoriques, se fasse des titres tant qu'elle voudra, je ne m'y oppose point ; cela flatte son imagination et sa vanité : mais je nie que ces titres doivent me convaincre. Ces interprétations allégoriques, qui ne

prouvent rien , parce qu'elles dépendent uniquement de celui qui allégorise , loin de me persuader , me révoltent. David a dit : *Dominus regnavit decorem indutus est.* Que dit l'église? Elle sacrifie ce texte dans son hymne , *Vexilla* , et met *regnavit à ligno Deus.* Chante-t-elle ce que David n'a jamais dit, de quelque version qu'on veuille se servir?

5. Ne faut-il pas avoir le diable au corps pour appliquer à Jésus-Christ et à son église les salles entretiens de Salomon avec sa maîtresse? Si cette application pouvoit prouver quelque chose , ce seroit en faveur de Mahomet et de sa sultane.

6. Jésus-Christ après sa résurrection ouvrit l'esprit à ses disciples pour leur donner l'intelligence de l'écriture : il faut donc un miracle pour les entendre : quelle clarté !

7. La Phrophétie la plus claire est celle d'Isaïe sur Cyrus : or, qui ne voit que c'est une fraude imaginée par les juifs pour flatter Cyrus et obtenir leur délivrance? Pure conjecture , dira-t-on, peut-être ; si ma conjecture est solide, elle vaudra bien une de vos allégories : or, elle est toute probable ; car il étoit bien plus flatteur pour Cyrus de se voir annoncer et appellé par son nom 400 ans avant sa naissance , comme le dominateur de l'univers, qu'il ne lui étoit utile de prolonger la captivité des juifs : et il est si

vrai que ce trait fut regardé par Cyrus et son conseil comme un trait de politique, que Cyrus ni qui que ce soit ne se fit juif : ce qu'il eût dû faire, s'il eût cru la prophétie véritable. Et réellement sans que Jésus-Christ m'ouvre les yeux, j'entends les prophéties à merveille.

8. Tout est prophétique chez les juifs. Si l'on en croit saint Paul : *Omnia ipsi contingebant in figuris.* David, sur la fin de ses vieux ans, demande la plus belle fille de son peule. Que fera saint Augustin; que feront les autres pères de l'église? Sur le principe de saint Paul , ils regarderont cette action de David comme une prophétie , et une marque de l'union de Jésus - Christ avec son église , et de la pureté de la vierge. Sur ce pied-là , je trouverai le mahométisme clairement révélé dans le vieux testament.

9. Si tout est prophétique chez les juifs , tout y est aussi prophète : d'un côté ce sont huit mille prophètes , d'un autre côté quatre mille ; on ne vous fera pas grace d'un seul. Saül est-il élu roi, il va joindre une troupe de prophètes, et il est lui-même prophète; il danse, joue de la vielle, et prophétise. Hauts et bas lieux, plaines et collines, villes et déserts , toute cette partie de l'univers n'est peuplée que de prophètes ; il n'y a pas jusqu'aux ânesses qui

s'en mêlent. Ignore-t-on que dans la langue hébraïque le mot qui signifie prophète, signifie aussi harpeur, coureur de ville, et ce qu'en argot on appelle un coire, et en françois un bohémien.

10. Virgile a fait une églogue à la louange de Pollion ou d'un autre romain illustre ; quelques anciennes sybiles, personnes très-payennes, ont barbouillé je ne scais quel grimoire en cinq gros volumes, dont un certain roi des romains ne voulut point pour la valeur de cinq sols; qu'ont fait les commentateurs chrétiens de Virgile, et les théologiens? ils ont appliqué tout ce galimathias à Jésus-Christ. Assurément les sybiles et Virgile ne croyoient pas jamais avoir l'honneur d'être parmi nos prophètes et d'avoir Isaïe et Jérémie pour confrères. Encore un coup, l'allégorie s'applique à qui l'on veut; mais elle ne prouve rien, si ce n'est l'esprit et la préoccupation de ceux qui l'appliquent.

11. Le croira-t-on ? c'est que Jesus-Christ qui disputoit tous les jours dans le temple, n'a jamais cité en sa faveur, ni les apôtres après lui, quoiqu'ils eussent les yeux ouverts; il n'ont jamais cité, dis-je, les trois grandes prophéties de Jacob, de Daniel et d'Aggée. Qu'on lise attentivement toutes leurs disputes, ils n'argumentent que sur des babioles.

12. La prophétie, *Virgo concipiet*, ne pouvoit pas être un signe, puisque Marie étoit mariée. Qui pouvoit deviner qu'elle n'eût point de commerce avec son mari ? Les chrétiens tournent en ridicule les enfans de Jupiter, et le pigeon de Mahomet : mais que veut-on que les payens pensent de ce Saint-Esprit qui descend en forme d'une colombe ? Dans les trois religions c'est également un mystère.

Saint Paul disoit il y a 1700 ans, que l'anté-Christ alloit venir ; on l'attend encore.

13. Qu'est-ce qui a donné cours aux deux prophéties des deux testamens ? Quatre choses.

1o. L'amour des hommes pour le merveilleux.

2o. La gloire et la vanité d'avoir deviné une énigme.

3o. La vanité des juifs et des chrétiens qui prouvent par-là aux autres nations qu'ils sont un exemple favorisé du ciel.

4o. Leurs intérêts ; les prophéties sont leurs titres ; sans elles ils courent après une chimère : aussi saint Paul ne fait point de façon d'avouer qu'il croit, parce s'il ne croyoit pas il seroit le plus malheureux des hommes : il est de son intérêt d'être heureux ; ainsi il est de son intérêt de croire. Les juifs, d'un autre côté, espèrent un roi qui les rendra maîtres de tout l'univers, qui les enrichira, car ils aiment l'argent :

C

ainsi, quoique les mêmes livres qui fondent en eux cette espérance, les peignent aux autres nations comme un peuple ingrat, indocile, etc., n'importe, pour l'amour de l'argent et du roi qui leur en donnera, ils ont toute honte bue.

14. Je finis par une prophétie de Jésus-Christ : il dit que cette génération ne passera point qu'on ne voie le fils de l'homme assis sur une nue qui viendra juger les vivans et les morts : et cette prophétie finit par une belle comparaison dans le style oriental, avec les feuilles de figuier qui tombent en automne. Je demande qu'est-ce qu'une génération ; est-ce l'espace de 25 ans au sens des chronologistes ? Mais depuis le temps que Jésus-Christ parloit jusqu'à (1746 *), il s'est passé 69 espaces de 25 ans. Est-ce l'espace de 100 ans ? Mais voilà 17 générations écoulées. Est-ce l'espace de 1000 ans ? Mais voilà 746 ans ou environ que Jésus-Christ n'a pas dit vrai. Qu'est-ce donc qu'une génération ? Quand le fils de l'homme aura paru sur la nue on le sçaura. Il en est des semaines de Daniel comme de cette génération. Si J. C. eût paru 70 fois sept jours après l'édit du roi de Perse, les semaines étoient des semaines de jours. S'il eût paru 70 fois sept mois après, c'étoit des

* Époque de l'ouvrage.

semaines de mois. S'il eût paru 70 fois sept siècles depuis cet édit, c'eût été des semaines de siècles : mais parce qu'il a paru 72 fois 7 ans à-peu-près depuis la prédiction, car on n'est pas d'accord là-dessus sur les bancs de l'école, ce sont des semaines d'années. Il n'y a rien de si aisé à faire que de pareilles prophéties : quelque chose qui arrive, ou en quelque temps que la chose prédite arrive, la véracité du prophète est toujours en sûreté au moyen de l'équivocité de son expression. Les oracles de Delphes ressembloient à ceux-ci.

15. Venons maintenant à la personne de Jésus-Christ même. Je n'y crois pas ; ainsi qu'on ne m'accuse point de blasphème : sa divinité doit être regardée comme un fait : ce n'est pas le mystère que j'examine ; mais c'est le fait, parce que le fait est du ressort de ma raison : si le fait est vrai, j'admettrai le mystère.

DOUTES

Sur Jésus-Christ.

1. Il s'agit d'incarner un Dieu : qu'on ne perde pas ce grand objet de vue.

2. Que Dieu seroit-il venu faire sur la terre? Ra-
cheter les hommes, les instruire et les sauver, répond-on. Or, Jésus-Christ n'a rien fait de ces trois
choses.

DOUTES

Sur la Rédemption des hommes.

---

1. JÉSUS-CHRIST n'a pu se charger de nos péchés
pour satisfaire à son père, sans avoir eu une volonté
différente de celle de son père : l'un est le juge,
l'autre le criminel ; l'un est l'offensé, l'autre la
victime. Il n'est donc pas de la même nature que son
père ; car la diversité des volontés est une preuve de
la diversité d'essences ; puisque, *vice versâ*, comme
on le soutient contre les monothélistes, la diversité
d'essences est une preuve de la diversité des volontés.
Qu'on ne réponde pas qu'il l'a voulu comme homme ;
car il la voulu avant son incarnation, et il n'étoit pas
encore homme. D'ailleurs, selon les principes ortho-
doxes sur la satisfaction due à Dieu pour le péché, il
a fallu un Dieu : il faut donc qu'un Dieu, comme
Dieu ait voulu satisfaire.

2. On ne peut s'empêcher de regarder le père
comme une personne emportée, et le fils comme

un enfant d'un bon naturel, qui fait tout ce qu'il peut pour l'appaiser. Quelle foiblesse, quel personnage pour un Dieu !

3. Dieu n'a pu ordonner la mort de son fils, sans ordonner le péché des juifs qui l'ont fait mourir.

4. La médiation suppose une foiblesse dans les deux parties; car ou elles peuvent s'accorder ou non : si elles le peuvent, le médiateur est inutile; si elles ne le peuvent pas, c'est parce qu'elles ne le veulent pas, ou que l'accord est impossible; si l'accord est impossible, le médiateur est encore inutile : si elles ne veulent pas s'accorder, c'est pour de bonnes raisons, ou pour de mauvaises raisons; foiblesse, comme on l'a dit : si c'est pour de bonnes raisons, le médiateur doit les faire cesser pour parfaire son accord. Or, il a tort de faire cesser de bonnes raisons.

5. Quand Jésus-Christ a satisfait à son père, ce n'étoit pas comme à la première personne; c'étoit comme à Dieu. Or, il est aussi Dieu que son père; il n'est donc pas médiateur entre Dieu et les hommes; il le seroit avec lui-même; ce qui répugne. Les chrétiens sont obligés d'avouer que Jésus-Christ a remis aux hommes le tiers de la satisfaction qui lui appartenoit, et qu'il a payé au père et au Saint-Esprit les deux autres tiers qui leur appartenoient, le partage fait; car Jésus-Christ ne s'est pas payé, le créancier ne

pouvant se payer autrement lui-même qu'en remettant sa créance au débiteur ; d'où j'argumente ainsi.

6. Dieu agit toujours par la voie la plus simple : or, il étoit plus simple de remettre aux hommes purement et simplement leur dette, que de faire incarner Dieu pour la payer : donc, Dieu n'a pu s'incarner : mais, replique-t-on, il falloit que Dieu fût payé. Point du tout : le père et le Saint-Esprit pouvoient tout aussi bien remettre leur créance que le fils. Le fils l'a remise ; donc, etc.

DOUTES

Sur l'instruction que Jésus-Christ nous a laissée

---

1. C'EST un Dieu qui vient instruire les hommes : terre, sois attentive, écoute les paroles de ton Créateur.

La terre a écouté pendant 30 ans, et il n'a rien dit. Pourquoi perdre un temps si précieux ? à quoi l'employe-t-il ? à faire faire des sacrilèges innombrables aux habitans de Nazareth et des environs, qui le méprisent, parce qu'ils ne le connoissent pas. Cela ne répugne t-il pas à la première idée qu'une raison saine se forme de la divinité ?

2. Enfin, à 30 ans, il s'enhardit : écoutons, sa morale est bonne quoiqu'un peu obscure. Est-ce une preuve de divinité ? non ; car les sages du paganisme l'avoient enseignée avant lui, et plus clairement. La haine de soi-même, l'amour du prochain, le pardon des injures, la récompense pour les bons, les châtimens pour les méchans : tout cela se trouve dans les livres moraux des anciens payens, et beaucoup plus clairement que dans l'évangile ; c'est-à-dire, les maximes y sont dévelopées bien plus méthodiquement, et bien plus persuasivement, car elles y sont prouvées. Enfin, les juifs, poussés à bout, lui demandent : es-tu fils de Dieu ? il répond : mon père est plus grand que moi ; mon père et moi ne sommes qu'un : ce que je vous dis, je ne le dis pas de moi, mais de celui qui m'a envoyé ; mes œuvres rendent témoignage de moi. Quel galimathias, quelle instruction ! Est il donc permis à Dieu de biaiser ?

3. Les juifs insistent : mais nous t'avons vu naître, tu es de nos jours, car tout au plus tu as 30 ans. Comment peux-tu dire que tu es plus vieux qu'Abraham ? on s'imagineroit que Dieu auroit répondu comme un enfant répond au catéchisme : je suis Dieu, j'existe avant tous les temps, ainsi je suis plus ancien qu'Abraham : mais point du tout ; il donne

un croc-en-jambe. Abraham, dit Jésus-Christ, s'est réjoüi pour voir le jour de ma venue. Quelle patience auroit pu tenir à de pareilles réponses ? aussi les juifs, désespérés par tous ces ambagès, le lapidèrent.

4. Jésus-Christ n'a pas dit le moindre mot de sa naissance, ni de la trinité, ni des sacremens, ni du péché originel. Qu'est-il donc venu faire ? des miracles. Mais les miracles seuls ne signifient rien : s'il se fût montré à tous les juifs après sa résurrection, toutes les contestations étoient finies ; mais point du tout : il a la fureur de se tenir caché, et il passe 71 jours jusqu'à son ascension seul avec ses disciples, tàntôt à les surprendre sur le chemin d'Emaüs, tàntôt à entrer dans le lieu où ils étoient assemblés, quoique les portes et les fenêtres fussent fermées. En vérité cela est-il décent ? cette conduite a t-elle le sens commun dans un être qui est venu pour instruire l'univers ? s'il n'avoit pas voulu l'instruire comment s'y seroit-il pris ?

5. Si Dieu nous étoit venu enseigner une religion, il ne s'en seroit pas retourné que son ouvrage n'eût été parfait : or, la religion chrétienne n'étoit point parfaite quand Jésus-Christ est monté au ciel ; elle s'est perfectionnée dans la suite des temps. La divinité de Jésus-Christ s'est perfectionnée au concile

de Nicée, celle du Saint-Esprit au premier cor cile
de Constantinople ; l'unité de personnes et la déiparité
de Marie au concile d'Ephèse ; la duplicité de nature
de Jésus-Christ au second de Constantinople ; la duplicité de volonté au troisième de Constantinople. Le
péché originel fut perfectionné du temps de saint
Augustin ; on n'en excepta point Marie : 600 ans après
cette expression eut lieu. Les sacremens n'ont été per-
fectionnés qu'aux conciles de Constance et de Trente.
Enfin, il n'y a point de docteur qui ne soit meilleur
théologien que saint Paul ; il se fait l'objection d'E-
saü et de Jacob sur la prédestination, il n'y répond
qu'en s'écriant : *ó altitudo!* le terme aujourd'hui
est ridicule dans les écoles ; et l'on siffleroit un jeune
bachelier qui s'en serviroit. On ne le passe à saint
Paul que parce qu'il vivoit dans un temps où la
religion brutte et informe, n'avoit pas encore été
façonnée, limée, éclaircie, polie, et rabotée par
les grands esprits, qui ont élagué de ce grand arbre
ce qui étoit inutile, pour y enter ce qui étoit nécessaire, selon les circonstances, l'occurrence et l'é-
xigence des cas, des temps, des hérétiques, et de
personnes intéressées.

DOUTES

Sur le salut des hommes.

1. C'est un Dieu qui va souffrir ; tous les hommes s'en sentiront sans doute : point du tout ; il n'y en aura qu'un très-petit nombre.

2. Dieu peut cependant les sauver tous : pourquoi ne le sont-ils pas ? Est-ce qu'il ne veut pas que tous le soient ! Oh si ; il le veut bien, et cependant ils ne le sont pas. Qui est-ce qui sur la terre s'oppose donc à l'exécution de la volonté de Dieu ; qui est-ce qui est plus puissant que lui ? La liberté de l'homme tenté par le diable : quel blasphême !

3. Dieu ne veut donc pas nous sauver tous ; puisque, hélas ! s'il le vouloit, nous le serions, ou bien il ne le veut qu'à demi, et il joue la comédie avec les hommes : il s'incarne, il s'humilie, il souffre, il meurt : pourquoi ? pour avoir une demi-volonté de me sauver. Mon Dieu ! il étoit inutile de vous mettre en si grands frais pour ne rien faire. Un François est condamné à mort ; sa grace dépend de l'aspect de son prince ; le prince descend de son trône, part de Versailles, vient à Paris, arrive à la grève, mais en

arrivant il bouche les yeux du criminel qui ne le voit point ; il est exécuté. Le prince aura-t-il bonne grace à lui dire : il n'a point tenu à moi qu'on ne vous ait conservé la vie ; j'ai fait ce que j'ai pu. Vous ne deviez pas me fermer les yeux, répliquera le criminel, vous le pouviez, vous ne l'avez pas fait, parce que vous ne l'avez pas voulu ; si vous l'aviez voulu, vous l'auriez fait ; je vous aurois vu, et je vivrois : pourquoi, cruel, insultez-vous un malheureux dont vous avez fait le malheur ? Jésus-Christ est le prince, le François est le chrétien.

4. Si je consulte vos théologiens, ô mon Dieu, les uns me diront que vous m'avez prédestiné ou rejetté ; *anté prævisa merita* : ainsi, mon malheur ou mon bonheur n'a jamais dépendu de moi : les autres me diront que vous m'avez prédestiné ou rejetté ; *post prævisa merita ;* ainsi cela revient au même ; car vos dons ne sont pas en ma disposition. Ces gens-là ne me payent que de paroles ; je leur pardonne ; ce sont des hommes ; mais vous, ô mon Dieu, me payerez-vous de la même monnoie ? ou vous comporterez-vous envers deux ames, l'une sauvée, et l'autre damnée, comme S. Paul dit qu'un potier se comporte envers un pot à fleurs et un pot de chambre ? Mon Dieu, si l'on peut vous offenser, pouvez-vous souffrir que vos ministres abusent de votre nom, de votre mission, de votre

inspiration pour vous maltraiter ainsi? mais, imperturbable dans votre repos, rien ne vous altère, rien ne vous nuit, rien ne vous sert.

5. Selon les principes de la théologie chrétienne, le salut des hommes est fondé sur les souffrances de J. C. Or, de deux choses l'une; ou le salut est chimérique, ou J. C. n'est pas Dieu; car s'il étoit Dieu, il a été impossible que son humanité fût privée de la vision intuitive : *quod semel verbum assumpsit, nunquam dimisit, ut fert axioma :* or, les souffrances sont incompatibles avec la vision intuitive: donc, si Jésus-Christ a souffert, il n'étoit pas Dieu ; il a souffert cependant, *sub Pilato passus :* donc, il n'étoit pas Dieu. Ses souffrances n'ont-elles été que métaphoriques dans le style oriental? La rédemption est donc aussi métaphorique. Le bon sens et la raison seuls seront réels : ce qui est vrai.

6. Jésus-Christ a-t-il plus honoré Dieu en souffrant, qu'il n'eût fait en se divertissant? Le plaisir ne vient-il pas de Dieu, ainsi que les douleurs? l'un et l'autre ne sont-ils pas des suites nécessaires de telles ou telles loix de mouvement dans les organes, suivis dans l'ame de telle sensation plutôt que de telle autre? Or, Pourquoi tel effet de telle loi de mouvement excité dans tel organe, honorera-t-elle plus Dieu que tout autre? Si Jésus Christ eût racheté les

hommes par le plaisir, le plaisir auroit alors plus
honoré Dieu que les douleurs, et le plaisir n'eût plus
été un crime. Mais parce que Jésus-Christ a souffert,
les douleurs sont devenues plus nobles que le plaisir,
et celui-ci est devenu criminel; sur quoi j'observe
que les chrétiens se font tous des prncipes à com-
mande : on croiroit que la conséquence devroit être
tirée du principe tel qu'il est; et c'est ainsi que se
conduisent les gens raisonnables ; mais les chrétiens
prouvent autrement; la conséquence existe avant le
principe : ainsi, malgré le bon sens et la raison, il
faut trouver un principe; il faut que le principe plie,
se prête et s'accommode à la conséquence. Mais
cela ne se peut faire sans entorse : n'importe; la
conséquence le veut. Tous les syllogismes de la raison sont une ligne droite ; ceux de la théologie sont
sur un zède.

7. Pourquoi attendre l'ascension et la pentecôte
pour prêcher la résurrection de Jésus-Christ ? Il
falloit le faire quand on pouvoit dire : le voilà. On a
tout fait pour embrouiller; on a négligé les voies les
plus simples. Le Messie devoit naître d'une vierge :
qui pouvoit deviner que Marie fût vierge? elle avoit
un mari. Les pères disent sérieusement que cela s'est
fait pour tromper le diable; cela s'est donc fait aussi
pour tromper les hommes! *A fortiori!* comment

les juifs, gens grossiers et ignorans, pouvoient-ils voir clair où le diable ne voyoit goute, lui qui a tant d'esprit?

8. La loi de Moyse étoit une loi de sévérité ; la loi nouvelle une loi de charité : l'exemple d'Ananie et de Saphire prouve le contraire. J'ai lu, je ne sçais où, dans un ancien auteur ecclésiastique, que saint Pierre aimoit le vin grec, il en avoit peut-être trop bu ce jour-là.

9. Qui est-ce donc que Jésus-Christ? Un oriental, un asiatique, un juif, c'est-à-dire, une imagination chaude, encline à l'enthousiasme, brûlée par la lecture des prophètes, comme celle de Dom-Quichotte l'étoit par la lecture des anciens chevaliers errans. Comme on le connoissoit à Nazareth et dans toute la Galilée, il eut bientôt acquis un ridicule qui inutilisa tous ses sermons. Delà le *dictum*, qu'on n'est jamais prophète en sa patrie. Cela n'est pas étonnant, parce qu'il est plus difficile de tromper nos compatriotes qui nous connoissent à fond ; d'où, de par où ? de la bavette, que des étrangers qui se laissent emporter aisément à la nouveauté et au merveilleux. S'il eût été un veritable prophète il l'eût été par-tout. Il s'attacha douze misérables gens sans lettres, grossiers, ridicules, qui le désespéroient par leurs questions imperti-nentes. Il les flatta par l'ambition : vous jugerez les

douze tribus d'Israël, leur dit-ils. Tant que leur maître vécut honoré, estimé et recherché des grands ils lui furent attachés, mais dès qu'il fut question d'éxécuter le decret de prise de corps ordonné contre lui, alors ils l'abandonnent; ils prennent la fuite, jurent Dieu et diable qu'ils ne le connoissent pas, sitôt qu'on le saisit, et qu'ils ne l'ont jamais connu; la réalité l'emporta sur l'imagination. Jésus-Christ eut une favori et une favorite, tous les deux illustres par leur figure : saint Jean et la Made. leine *.

10. Chez les juifs, rien de mieux arrangé, de moins équivoque; rien n'est mieux constaté, rien n'est plus à l'abri de toute critique et de toute contradiction que leurs généalogies. Jésus-Christ en a deux, l'une est saint Mathieu, l'autre est saint Luc : l'une n'est point semblable à l'autre : qu'est-ce que cela veut dire? d'ailleurs, ces deux généalogies sont de saint Joseph : qu'est-ce que cela fait à Jésus-Christ? saint Joseph ne lui étoit de rien. Mais, dit-on, saint Joseph étoit parent de la Vierge ; ainsi la génération

---

* Ils n'étoient pas moins fameux par la tendresse de leurs sentimens : les épîtres de l'un et la vie de l'autre en sont de sûrs garans. Socrate avoit Alcibiade, Abeylard avoit Héloïse; Jésus-Christ a enchéri sur eux.

de la Vierge est prouvée par celle de saint Joseph.
Fort bien ; mais je demande : étoit-ce du côté pater-
nel, ou du maternel, que se tenoit cette parenté ?
si c'étoit du côté maternel, la généalogie du cousin
n'est pas celle de la cousine : d'ailleurs il falloit, suivant la tradition, que Jésus-Christ descendît de David,
par les mâles jusqu'à Marie exclusivement. Or, quand
bien même la généalogie de saint Joseph prouveroit
celle de la Vierge, elle ne la prouveroit pas telle
qu'il la faut, c'est-à-dire, de mâle en mâle. Je reviens :
or, la Vierge n'étoit cousine de saint Joseph que du
côté maternel, car elle étoit cousine de sainte Elisabeth ; or, sainte Elisabeth étoit de la tribu de Lévi,
puisqu'elle étoit femme du prêtre Zacharie ; donc
sainte Elisabeth n'étoit point de la tribu de Juda,
puisque les tribus ne s'allioient point les unes aux
autres suivant la loi. Donc, la Vierge, cousine d'une
Lévite n'étoit point de la tribu de Juda ; donc elle
n'appartient à saint Joseph que du côté des femmes.
Je vais encore plus loin ; je veux bien que Marie
fût de la tribu de Juda : pourquoi n'avoir pas fait
la généalogie de Marie ? pourquoi en avoir fait
deux de saint Joseph qui se détruisent ?

11. C'est, disent les pères, et les interprètes,
pour exercer la foi, pour humilier les superbes,
et exalter les humbles. C'est, dit l'écriture, afin
que

que Jésus-Christ soit une pierre d'achoppement, afin
que les juifs s'en scandalisent et que les nations
s'en moquent. C'est, dit M. Pascal, afin de faire
voir que les deux évangélistes n'ont pas écrit par
une convention faite entr'eux pour tromper les
hommes. Mais je réponds aux pères, et aux interprètes : la foi, l'humiliation des superbes, l'exalta-
tion des humbles auroient néanmoins subsisté. Quoique le fait du mystère soit certain, la substance en
est néanmoins inconcevable. Je réponds à l'écriture :
vous dites que Jésus-Christ est venu pour sauver
tous les hommes, et qu'il veut sincérement qu'ils
le soient ; or, comment est-il venu sauver ceux pour
lesquels il est une pierre d'achoppement, un scandale
et une folie ; comment veut-il sincérement les sauver !
il faut absolument que vous mentiez dans l'un ou
dans l'autre de ces deux cas : il faut que je heurte
à la pierre d'achoppement ; il faut que je me scan-
dalise ; il faut que je me moque de Dieu : donc
il faut que je sois damné. Il y a plus ; vous devriez
me récompenser pour vous avoir fait dire vrai :
car si Jésus-Christ veut sauver tous les hommes,
tous les hommes peuvent ne point heurter, ne point
se scandaliser, ne point rire de vos mystères. Or,
s'ils peuvent le faire, on peut supposer pour un
instant qu'ils l'ont tous fait ; or, dans cette suppo-

D

sition vous aurez tous menti, en disant qu'il faut
qu'il y en ait qui heurtent, qui se scandalisent et
qui rient. Accordez-vous donc avec vous-mêmes.
Je réponds à M. Pascal : il est bien sûr que la
contradiction dans deux écrivains ne suppose pas une
convention de leur part ; vous ne nous apprenez rien
de nouveau. Mais la contradiction dans deux écrivains suppose-t-elle le même saint Esprit qui les anime,
qui les inspire, et qui, selon les théologiens de Lou-
vain, leur révéle jusqu'aux mots et aux virgules ?
Mais, replique-t-on, cette contradiction n'est qu'apparente ; ceux qui ont de la foi et de la soumission
n'y en voyent point. Grand dommage qu'ils n'y en
voyent point ! la foi leur bouche les yeux. Qu'une
pareille réponse est misérable ! mais soit que cette
contradiction ne soit qu'apparente, convient-il au
saint Esprit de tendre des piéges à notre raison ?
il étoit beaucoup plus simple de ne point laisser de
ces contradictions apparentes ; et enfin, comme il
s'agit du fait, et non pas du *quomodo*, il n'en
falloit point laisser du tout, parce que ma raison m'a
été donnée pour examiner le fait.

12. Ne tient-il donc, pour trancher toutes les diffi-
cultés, que de dire, c'est un mystère ; cela a été
fait pour humilier les uns, scandaliser ceux-ci, et
faire rire ceux la ? en ce cas, lorsque je presserai

un payen, et un mahométan sur les ridicules de leur religion, qui les empêchera de me répondre: c'est un mystère, cela est fait pour humilier les uns, scandaliser les autres. Et étant dans la même position lorsqu'ils défendent leur réligion, qu'un chrétien lorsqu'il défend la sienne, ils ont les mêmes droits. Or, tant qu'entre deux opinions il subsiste le droit de rétorsion, l'indécision et le doute subsistent.

DOUTES

Sur les miracles de Jésus-Christ.

1. Qu'un homme aujourd'hui ressuscite un mort, se ressuscite soi-même dans Paris ou dans Londres, quel sera l'homme raisonnable qui refusera sa croyance à un pareil taumaturge ? cela est-il arrivé à Jérusalem ? donc les gens raisonnables de ce temps là avoient quelques doutes sur les miracles de Jésus-Christ; ceux que j'ai sont les mêmes.

2. Le but d'un homme qui fait des miracles n'est-il pas de prouver sa mission, et de se manifester ? cependant Jésus-Christ après sa résurrection s'étant caché, ne se montre qu'aux siens et tout au plus à trois cent personnes; encore n'est-il pas dit que ces

trois cent personnes se soient converties. Est-ce là
se manifester ?

3. Aucun des évangélistes ne fait mention de l'ascension ; leur histoire devoit cependant finir par là.
Comme Jésus-Christ avoit détruit la foi en sa mission dans tous les cœurs, en souffrant et en mourant
devant tout le monde, il devoit aussi ressusciter et
monter au ciel devant tout le monde, pour réparer
le tort qu'il avoit fait à l'exécution de son dessein.

4. Les miracles de Jésus-Christ ne prouvent qu'autant qu'ils sont certains ; il ne sont certains qu'autant
que ses sectateurs les rapportent. La cause de Jésus-
Christ est la même que celle de ses sectateurs ;
donc, comme je ne suis point obligé de croire un
miracle de saint Paul sur sa parole, parce que
personne n'est cru en sa propre cause, de même
je ne suis point obligé de croire les miracles de
Jésus-Christ sur le rapport de ses sectateurs. Mais,
dira-t-on, personne ne s'est élevé contre ce rapport,
donc il doit faire foi.

5. Qu'ont donc fait tous les ennemis du christianisme ; qu'ont fait Celse, Porphire, et l'empereur
Julien? seulement les pièces contraires ne sont pas
venues jusqu'à nous, comme les pièces pour. D'où
vient ? parce que les chrétiens devenus plus forts
sous les empereurs chrétiens ont multiplié leurs

titres, et ont fait disparoître les réfutations; ou tous au moins ces réfutations, n'ayant presque plus de partisans, elles se sont perdues faute de copistes. Les pères les plus anciens ont toujours été occupés à répondre, soit aux payens, soit aux juifs; donc les payens et les juifs les attaquoient; donc on contestoit, donc on s'est élevé contre le rapport qu'on veut faire passer à la faveur d'une prescription. D'ailleurs, cette prescription ne peut avoir lieu contre moi; c'est la cause de ma propre raison que je plaide, ce n'est point celle des autres. Les hommes ne se sont point défendus pendant 17 siècles; donc il ne faut pas que je me défende. Je rétorque: les anciens ont cru l'homme formé pendant 4000 ans, ainsi donc il faut que je le croye. Il y a 300 ans que les turcs croyent que Mahomet fait des miracles; donc il faut que je les croye. Oui, me dira un turc; personne ne s'est élevé contre Mahomet pendant qu'il a vécu. Chrétien, voilà un turc qui prouve tout comme toi; ainsi je ne vous croirai ni l'un ni l'autre.

6. Mais, dira t-on, Mahomet a ordonné l'ignorance à ses sectateurs, parce qu'il voyoit bien que l'examen ne lui seroit pas favorable; et c'est ainsi que sa religion s'est soutenue. Donc, s'il est également défendu d'examiner chez les chrétiens; les

chrétiens ne prouvent pas plus. Or, ouvrons saint
Paul : *captivitate*, dit-il, *intellectum in obsequium
fidei. Cavete à fallatiis prophetarum.* Mahomet
rend l'homme brute ; saint Paul lui laisse la raison,
mais il ne veut pas qu'il s'en serve. Le quel vaut
mieux , cela ne revient-il pas au même ?

7. Il a fallu un miracle particulier pour convertir
saint Paul. Donc les miracles de Jésus-Christ ne
lui suffisoient pas ; je lui ressemble : suis-je de pire
condition que lui ?

8. L'orage surprend saint Paul ; il a peur, il tombe
de cheval, sa machine se détraque, il croit voir
ce qu'il ne voit-pas, entendre ce qu'il n'entend pas,
il devient aveugle ; le voila chrétien. C'est l'aveuglement qui conduit au christianisme. Saint Paul
changea en prodige la honte d'être mauvais cavalier.

9. Qu'il me soit permis de faire ici le chrétien,
c'est-à-dire, de tirer l'écriture par les cheveux, pour
trouver de la figure où il n'y a que du littéral. Que
signifie cet aveuglement de saint Paul ? Le voici :
mécontent des pharisiens qui ne le récompensoient
pas comme son ardeur à poursuivre les Chrétiens le
méritoit ; convaincu d'ailleurs qu'il étoit contre le
droit naturel de forcer les consciences, et que
persécuter son frère et son semblable étoit une
mauvaise action, quand le particulier n'avoit point

offensé la société, il se dit à lui même en allant à Damas : que diable vais-je-faire là, pourquoi persécuter des gens qui ne m'ont rien fait ? Je m'immole à la haine publique pour être le ministre de la haine des pharisiens. Faisons nous plûtôt chrétien nous-même : cette opinion est singulière : elle est sûre de bien prendre : vient elle d'autre mérite que de la nouveauté ? d'ailleurs, l'esprit des juifs est actuellement dans un état violent depuis sa subjugation par les Romains, et par conséquent le temps est propre pour faire une crise et une révolution. Jettons-nous dans le nouveau parti ; je m'y ferai plûtôt un nom que dans l'ancien qui ne bat plus que d'une aîle. Ceux qui sont à la tête de ce changement sont des ignorans, des gens sans principes et incapables de système ; il me sera aisé de les dominer, et je serai sûrement bien reçu : cependant comme je les ai persécutés, voudront-ils me recevoir dans leurs entreprise ? le doute étoit fort naturel et très bien fondé : voilà en quoi consistoit l'aveuglement de saint Paul : il arrive à Damas et va trouver saint Pierre ; ils font leurs conditions ; il s'arrangent : saint Pierre lui promet la seconde place dans le collège apostolique, et les nations pour district. C'est une affaire faite ; voilà saint Paul chrétien, apôtre, la vue lui revient, les écailles tombent.

10. Saint Luc, qui raconte la conversion de saint Paul, l'avoit apprise de cet apôtre qui étoit son maître. J'aurois voulu que saint Pierre en eût donné des mémoires en sortant du concile d'Antioche, ou saint Paul lui avoit fait voir clairement qu'il n'avoit pas le sens commun.

11. Qu'on me donne douze personnes à qui je puisse persuader que ce n'est pas le soleil qui fait le jour, dans un an cent mille hommes le croiront. Si la propagation du christianisme le prouve; comme chaque réligion a eu sa propagation, chaque réligion sera prouvée. Mais, dira-t-on, la religion chrétienne révoltoit tous les sens; comment a-t-elle pu prendre sans un miracle? c'est précisément là ce qui a fait sa fortune : comme elle étoit d'autant plus merveilleuse, elle en avoit d'autant plus d'attrait.

12. D'abord les apôtres ne heurterent pas de front l'ancienne religion, à l'exemple de Jésus-Christ qui avoit obéi à Moyse de point en point : *non veni solvere; sed adimplere;* ils faisoient tout ce que faisoient les anciens juifs. Il se trouva des esprits conséquens qui, ayant représenté que tout étoit consommé à la mort de Jésus-Christ, et que par conséquent la synagogue étoit à tous les diables ; ils ne furent cependant point écoutés. On ménagea les esprits ; la loi de Moyse fut confirmée dans le

concile de Jerusalem jusqu'à nouvel ordre : ensuite on la mina pied à pied, et sourdement, et enfin on la détruisit. Mais, dit-on, il falloit enterrer la synagogue avec honneur. Dieu a donc des mesures à garder avec les hommes?

DOUTES

Sur l'Eglise et les Conciles généraux.

PREMIER DIALOGUE,

ENTRE UN INDIEN ET L'ÉGLISE.

1. L'INDIEN. Qui m'assurera que le nouveau testament ainsi que le vieux est un livre révélé.

L'EGLISE. Ce sera moi.

L'IND. Pourquoi voulez-vous que je vous en croie.

L'EGL. Je suis infaillible.

L'IND. Prouvez-le moi.

L'ECL. Jésus-Christ me l'a promis.

L'IND. Où?

L'EGL. En saint Matthieu.

L'IND. Mais qui m'assurera que saint Matthieu dit vrai?

L'EGL. C'est moi.

L'IND. Ainsi donc vous prouvez saint Matthieu,

et saint Matthieu vous prouve. Je ne me rends point
à un cercle vicieux ; allez en imposer à d'autres.
N'est-ce pas vous qui avez décidé autrefois qu'il n'y
avoit point d'antipodes?

L'Egl. Oui.

L'Ind. Le croyez-vous encore?

L'Egl. Non.

L'Ind. Vous vous trompiez donc autrefois?

L'Egl. Oui, parce que c'étoit là un fait, et je suis
faillible dans les faits.

L'Ind. Ah! vous êtes faillible dans les faits. Mais
l'existence, la mission, les souffrances, la mort, la
résurrection, et l'ascension de Jésus-Christ sont des
faits; la descente du Saint-Esprit, la prédication des
apôtres, l'arrivée de saint Pierre à Rome, sa mort en
cette ville, en un mot, tous les fondemens de votre
foi sont des faits.

L'Egl. Oui, ce sont des faits; mais des faits dogma-
tiques; et comme on l'a fort bien prouvé dans l'affaire
du jansénisme, je suis infaillible dans les faits dogma-
tiques.

L'Ind. Ah! voilà une distinction. Vous êtes bien
heureux que le jansénisme soit venu au monde, car
avant lui on ignoroit l'invention des faits dogma-
tiques.

L'Egl. Sans doute : toutes les hérésies qui ont

travaillé à me détruire, n'ont fait que m'affermir. A
mesure qu'elles m'ont attaqué, j'ai développé et fait
valoir des droits auxquels je ne pensois pas aupara‑
vant ; chacune de leurs attaques a été pour moi une
victoire dont j'ai bien profité. Si les apôtres reve‑
noient au monde, ils demanderoient par toute la
terre : où est donc la religion chrétienne que nous
avions prêchée ? Ils ne la reconnoîtroient plus, tant
elle a cru et grossi. Dans mes commencemens je
rampois aux pieds des souverains et des magistrats ;
je consacrai même leur pouvoir afin de les flatter,
parce que j'avois besoin d'eux. Dans la suite, en‑
graissée de leurs bienfaits, je suis devenue aussi
puissante qu'eux : j'ai même été jusqu'à leur comman‑
der, à les déposer et à les faire assassiner.

L'Ind. Mais voilà une conduite qui jure avec vos
principes : vous dites que le pouvoir des rois vient
de Dieu. Comment pouvez-vous commander à une
puissance qui vient de Dieu?

L'Egl. Dieu et moi ne sommes qu'un : c'est mon
époux ; il approuve tout ce que je dis et tout ce que
je fais : ce qui est si vrai, qu'il a mis au nombre de
ses saints, Grégoire VIII, qui déposa l'empereur
Henri IV, qui fit révolter son fils contre lui, et
qu'il publia des indulgences pour tous ceux qui ser‑
viroient dans l'armée du fils contre le père.

L'Ind. Mais ce que vous me dites là est merveilleux. Comment ! les souverains d'occident souffrent
cela ? Si vous aviez affaire à Thamas-Couli-kan, mon
maître, il vous abattroit la tête d'un coup de sabre.

L'Egl. S'il avoit lu l'histoire de Henri III, roi de
France, il n'oseroit ; car quoique ce royaume soit un
de ceux où je domine le moins , cependant je lui fis
payer cher son association avec le roi de Navarre ,
son légitime successeur. Il se déclara pour lui contre
les Guises, mes défenseurs , il ne tarda pas à être
égorgé par un moine ; et si le roi de Navarre ne se
fût fait catholique , il n'auroit jamais monté sur le
trône des François , quoique son droit fût incontestable.

L'Indien ne put tenir à cet horrible entretien , et
ayant appris qu'il y avoit un concile à Constance , il
y alla, conduit par la curiosité et l'envie de s'instruire. Mécontent de l'église dispersée, l'église assem-
blée me satisfera, peut-être, dit-il. Voyons. En arrivant à Constance : il ne vit par-tout que théâtres ,
bains et filles aux fenêtres.

SECOND DIALOGUE,

ENTRE L'INDIEN ET LE SECRÉTAIRE DU CONCILE.

L'Indien. Qu'est-ce donc que ceci ?

Le Secr. Nous ne sommes pas toujours occupés

à disputer ; et quand nous avons bien chicané de part et d'autre, sans nous entendre, nous donnons un peu de relâche ; c'est pourquoi, pour la commodité et l'usage des pères, il y a 1300 personnes occupées à nous délasser. Savoir :

   * Putains suivant le concile.................. 450.

   Étuvistes, baigneurs, parfumeurs.......... 600.

   Bâteleurs, histrions, et autres............. 320.

Le Saint-Esprit, comme vous voyez, est en bonne compagnie.

L'Ind. Mais combien êtes-vous de pères assemblés ici?

Le Secr. Nous sommes, tant en évêques, qu'abbés et docteurs, 910.

L'Ind. Mais 450 filles ne vous suffisent pas.

Le Secr. Oh ! que si ! car vous observerez que nous sommes Italiens pour le plus grand nombre, et comme vous savez...

L'Ind. J'entends. Quelles horreurs! et vous prétendez, M. le Secrétaire, que le Saint-Esprit préside à vos assemblées?

Le Secr. Comment! s'il nous préside, en doutez-vous? Le Saint-Esprit ne s'embarrasse point de nos

---

* Ce détail est tiré d'un manuscrit que j'ai lu à Rome en 1737, et qui est dans la bibliothèque vaticane. Colon. 5 des MM., N°. 1112.

mœurs ; la discipline ne l'intéresse point ; il n'y a que
le dogme dont il prend soin. Aussi ne sommes-nous
pas infaillibles sur la discipline * ; nous ne le sommes
que sur le dogme. Telle action damne aujourd'hui
un chrétien, qui ne le damnoit pas dans les premiers
siècles ; et au rebours tel péché damnoit autrefois,
qui ne damne plus aujourd'hui : c'est une suite iné-
vitable de la variété de notre discipline, et de l'insta-
bilité des loix que nous faisons, et que nous annullons
selon les cas et les tems.

L'Ind. Ainsi donc vous rendez inutile la passion de
Dieu, ou vous en réhabilitez la valeur comme il vous
plaît : mais quittons ces abominables propos. Pourquoi vous êtes-vous assemblés ici ?

Le Secr. 1o. Pour faire cesser le schisme : 2o. pour
faire condamner Wiclef et Jean Hus : 3o. pour réformer la discipline.

L'Ind. Mais pourquoi voulez-vous abolir le schisme ?
il ne fait aucun mal. Sainte Catherine de Sienne s'est
sauvée dans un parti, et le bienheureux Pierre de

---

* J'ai lu à Lyon dans un manuscrit qui est gardé dans les
archives de la maison de ville, qu'après le concile tenu en
1245, la ville se trouva un bordel universel ; ainsi que le
concile par le bénéfice, dit le manuscrit. Journal de mes
voyages, année 1736, 25 mai.

Luxembourg dans un autre : il est donc indifférent
de tenir pour l'un ou pour l'autre des papes. En second lieu vous voulez condamner la doctrine de Wiclef et de Hus ; mais comme vous ne sauriez être juge
dans votre propre cause, il faut un tiers qui juge
entre vous et Jean Hus, sans quoi tous les principes
du droit naturel et positif leur permettent d'appeller
de votre sentence.

Le Secr. Oh ! nous l'en empêcherons bien, car
nous le ferons brûler.

L'Ind. Brûler !.... Il me paroît que si vous eussiez
été pharisien du tems de Jésus-Christ, vous l'auriez
aussi condamné au feu. Mais vous ne songez pas que
votre loi est une loi de charité, et que vous faites un
crime à Mahomet d'avoir établi sa religion par l'épée :
vous faites pis, vous défendez la vôtre par le feu ;
c'est un moyen sûr d'avoir des prosélytes. Enfin,
vous voulez réformer la discipline : mai.; 1º. cela est
inutile ; d'autres conciles viendront après vous, qui
vous réformeront, comme vous réformez ceux qui
vous ont précédés. 2º. Vous prenez sans doute conseil
de ces 1300 personnes, que vous payez et entretenez
à votre suite? N'appréhendez-vous point qu'on ne
vous foudroie avec cette rétorsion : *medice, cura te
ipsum.*

Le Secr. Oh ! la rétorsion ne nous fait rien, parce

que nous sommes les maîtres. C'est bien la moindre chose que nous soyons exempts des loix, puisque nous avons la peine de les faire?

L'Ind. Mais c'est sans doute pour qu'elles obligent, et que par-là les mœurs soient plus saines.

Le Secr. Quelle erreur!... Voici un secret, ainsi ne le dites à personne. Comme l'église est obligée d'être sainte, nous faisons des loix qui ordonnent la sainteté, afin de sauver les apparences; mais elles n'obligent que les pauvres; pour de l'argent nous en dispensons. 1o. Nous sommes riches beaucoup plus que les apôtres n'étoient pauvres : les deux recettes de la pénitencerie et de la daterie mettent tous les ans dans les coffres du pape 30 millions; l'or tombe dans les secrétariats des évêques à proportion. 2o. Par là les grands sont toujours dans notre dépendance, et en faisant semblant d'avoir beaucoup de foi en nous, ils en imposent au peuple qui a une foi sincère. D'ailleurs, ces mêmes grands trouvent en nous de la reconnoissance; car nous ne les gênons point.

L'Indien, transporté de fureur, quitta brusquement le trop sincère chrétien; il s'en retourna bientôt après dans sa patrie, où il mourut en tenant une vache par la queue, parce que leur dieu Brama a attaché des indulgences à cette attitude de mort.

2. Le concile de Bâle n'est œcuménique que jusqu'à

la

la vingt-cinquième cession. D'où vient? parce que ,
répond-on , à la vingt-cinquième cession le Saint-
Esprit se retira. Pourquoi se retira-t-il? Par ordre du
pape Eugène III, qui lui enjoignit de se rendre à
Florence , pour le punir d'avoir inspiré aux pères de
Bâle des décisions saintes. 1o. Le concile général est
supérieur au pape. 2o. Les réserves, les expectatives
et les annates sont des abus qu'il faut réformer. Le
Saint-Esprit n'avoit-il pas tort d'humilier et d'appau-
vrir son vicaire : à quoi pensoit-il?

3. Aussi Æneas Silvius l'attrapa bien ; car, dès
qu'il fut pape, il désavoua tout ce qu'il avoit fait au
concile de Bâle dont il étoit secrétaire. Voilà à quoi
le Saint-Esprit s'exposa en n'étant pas favorable à la
cour de Rome. Jugez de ce qu'elle fait aux hommes
qui osent s'élever contre elle.

4. Les conciles seuls ont droit d'interpréter l'écriture. C'est un moyen sûr pour n'avoir jamais tort,
parce qu'ils font dire à l'écriture tout ce qu'ils veulent.
Ainsi l'écriture n'a qu'un vain titre , le concile a toute
l'autorité ; mais la cour de Rome a soin que le concile
ne s'en orgueillisse pas. Rien ne se décidoit au concile
de Trente qu'après avoir été revisé et approuvé à
Rome : le Saint-Esprit de Rome étoit le censeur et
l'examinateur de celui de Trente : ce qui fait la pro-
position suivante : le pape, concile : - : l'écriture.

5. Pourquoi le Saint-Esprit se trouve-t-il plutôt

E

dans un concile général que dans un concile national? Est-ce qu'une nation entière ne l'intéresse point assez? Combien faut-il de personnes donc pour mériter son attention? Jésus-Christ est beaucoup plus humain ; car il se trouve parmi deux ou trois personnes assemblées en son nom. Apparemment que le Saint-Esprit est un plus gros seigneur.

6. Un concile n'est censé écumenique que lorsque c'est le pape qui le convoque, et que la convocation se fait à tous les évêques. Là-dessus je demande, 1o. le siège de Rome vacant on ne pourra donc pas assembler un concile : donc les quatre premiers conciles de Nicée, de Constantinople : d'Ephèse, et le second de Constantinople ne sont pas écuméniques, car il est certain qu'ils furent convoqués par des empereurs. 2o. Supposons qu'il y ait dans l'univers dix mille évêques , et que la convocation n'ait été faite qu'à 9999, le concile en sera-t-il moins écumenique? Non. Qu'à 9998. Non. Qu'à 9997. Non. Qu'à 9996. Non. Je les prends tous ainsi un à un ; qu'on me donne une réponse arithmétiquement claire.

DOUTES
Sur les Pères et sur les Martyrs.

1. La tradition des pères ne prouve pas plus pour le christianisme, que la tradition des rabins pour le judaïsme, et.

2. Les martyrs ne prouvent pas plus pour le christianisme, que les calvinistes que l'on pend dans les Cevenes pour le calvinisme. Les martyrs déshonorent Dieu, qui ne peut pas permettre qu'on me supplicie uniquement parce que je crois en lui.

DOUTES
Sur le Péché originel.

---

1. DIEU est trop juste pour punir les enfans du péché de leur père : il le dit lui même dans l'écriture. En effet, ajoute saint Paul, il n'y auroit point de péché s'il n'y avoit point de loi, ou si on n'avoit pu l'apprendre. Je demande comment des enfans à qui Dieu n'a rien prescrit peuvent être coupables ? les saints pères et les scholastiques crient tous au miracle, au mystère : moi, je crie à l'absurdité.

2. Les hommes jugent trop de Dieu par eux-mêmes. La douleur est la seule voie qu'ils ayent pour punir ceux qui les ont offensés ; ils estiment donc la douleur une punition : ainsi parce qu'ils souffrent ils s'imaginent être coupables ; ne se voyant point coupables par eux-mêmes, et se voyant tous souffrans, il leur a fallu trouver un coupable général qui ait généralisé la punition. Ce coupable ne pou-

voit être un autre que leur père commun ; voilà
la source du péché originel, et le grand argument
de saint Augustin contre les pélagiens. Mais j'arrête
le père à sa majeure, et je lui demande : les douleurs
que les martyrs ou les élûs souffrent en état d'in-
nocence sont-elles une punition? Si on me répond
affirmativement, je réplique que le baptême ne
justifie donc pas; si négativement, la douleur n'est
donc pas une punition. D'ailleurs, quel récit croirai-je
de la pomme d'Adam, ou de la boëte de Pandore?

3. La douleur ne peut être une punition du
péché commun ; elle seroit égale dans tous les enfans, puisque le péché est égal. Dans les adultes la
concupiscence seroit égale, ou bien Dieu seroit injuste.
D'ailleurs, il s'ensuivroit de là que le plaisir seroit
une récompense, ce qui est principalement et absolument faux chez les chrétiens. Qu'est-ce donc
que la douleur et le plaisir? l'une nous fait éviter
ce qui nous nuit, l'autre recherche ce qui nous sert;
et ce sont deux bienfaits spécieux du créateur
qui, ne voulant pas attacher les moyens de conser-
ver notre existence à la longueur du raisonnement,
les a fait dépendre de la vivacité du sentiment.

4. Dans le système du péché originel, le monde a
eu besoin de réforme : ce qui implique contradiction.
car c'est Dieu qui a fait l'homme ; donc l'homme n'a pas
eu besoin de réforme. En effet, Dieu ne fait rien de

mal : or, cependant on ne réforme que ce qui est mal fait : donc l'homme dans ce qu'il est, n'est point mal fait. Mais, insiste-t-on, la mort est un mal : cela est faux ; la mort est un ordre nécessaire et indispensable de la nature. Si les hommes vivoient et ne mouroient point, la terre seroit-elle suffisante pour les contenir tous ? L'homme n'est-il pas matière en partie, la matière n'est-elle pas essentiellement divisible ? l'homme est donc essentiellement mortel, par la raison contraire que son ame est essentiellement immortelle : donc ce n'est pas par le péché que la mort est entrée dans le monde.

5. D'où pourroit venir la prétendue inclination au mal que l'on dit être une suite du péché originel ? ou de Dieu, ou de nous-mêmes, ou d'autres créatures. 1º. Elle ne peut venir de Dieu, parce que Dieu ne fait rien de mal. Seroit-ce pour nous punir, qu'il nous l'auroit donnée ! la punition seroit plaisante ! c'est faire dire à Dieu : en conséquence de ton péché, tu aimeras le péché ; et tu trouveras du plaisir à l'aimer. Quel Dieu ! qui tiendroit un pareil langage ! 2º. Elle ne vient pas de nous-mêmes, nous ne saurions ni nous créer, ni nous donner des penchans, ni nous défaire entièrement de ceux que nous avons : tout au plus nous pouvons les affoiblir en leur opposant des contraires ; et encore si ces penchans dépendoient de nous, nous les réformerions à notre gré, et ils ne se trouveroient pas

dans tous les hommes. 3o. Elle ne vient pas des créatures placées hors de nous; elles ne peuvent nous donner ni facultés ni inclinations; tout au plus elles servent d'occasion à l'exercice de ces facultés. D'où je conclus, que tous nos penchans sont bons, mais que nous en faisons un mauvais usage respectivement à nous-mêmes ou aux créatures : circonstances qui ne changent point le fonds de nos penchans, quoiqu'elles en rendent l'usage mauvais. En un mot, il répugne à la bonté de Dieu d'avoir mis ou d'avoir permis que l'homme se trouvât dans une situation où il put l'offenser et se perdre.

6. Qu'est-ce que la nature déchuë! est elle dans un autre état qu'elle a jamais été! les essences, les régles déterminées au moment de la création ont-elles pu changer? Si l'homme aime à être remué agréablement, c'est parce que telle est sa nature, et non pas parce qu'il a péché. Comment Adam auroit-il pris plaisir à manger de la pomme s'il n'avoit été tel de sa nature que cette manducation lui pût plaire? Il y a plus, la résolution qu'Adam et sa femme prirent de manger de la pomme, ne pouvoit partir que d'une inclination qu'ils avoient au mal, puisqu'ils savoient que cette manducation étoit un mal; et que l'homme ne fait rien sans inclination. Le penchant au mal a donc précédé le péché originel, loin d'en être une suite.

7. Le péché d'Adam étoit nécessaire pour un plus grand bien. *O felix culpa!* etc, dit l'église romaine dans un de ses offices: c'est faire dépendre Dieu d'autre que de lui-même.

8. N'est-ce pas donner à l'homme des armes pour se tuer, que de lui donner une liberté telle qu'avec elle il puisse offenser Dieu. Si le péché l'offense réellement, et si l'homme peut commettre le péché; qu'est-ce qu'un Dieu assez peu jaloux de lui-même pour permettre qu'on l'offense?

DOUTES
Sur la Trinité.

1. Dieu est infiniment simple, donc il n'est pas triple en personnes; car on pourroit considérer un être plus simple que lui; sçavoir, un être qui, ainsi qu'en substance, seroit un en personne. Les trois personnes de la trinité ne sont autre chose que trois différens regards sous lesquels on a envisagé la divinité: la puissance, la sagesse et la bonté. Les premiers pères de l'église étoient platoniciens : cette division est dans Platon.

2. Plus la trinité est au-dessus de la raison, plus il faut de preuves claires pour nous convaincre que ce mystère est révélé. Où sont ces preuves claires?

on n'en a pas d'autres que le concile de Nicée pour le fils contre Arius ; que le concile de Constantinople pour le Saint Esprit contre Macedonius ; que le concile de Francfort contre les grecs chismatiques. Les ariens , les macédoniens et les grecs distinguent avec autant de fondement les passages qu'apportent les catholiques , que ces derniers distinguent les leurs. Je répète ici mon principe : plus la trinité est au-dessus de la raison , plus il faut des preuves claires pour nous convaincre que ce mystère est révélé.

5. Où en seroient les catholiques, si on leur ôtoit les paroles vuides de sens : génération, procession, relation, substance, et subsistance , ect.

FIN.

www.ingramcontent.com/pod-product-compliance
Lightning Source LLC
LaVergne TN
LVHW022112080426
835511LV00007B/781